KIKIRIKI

cómo cantan y juegan los niños aquí

Kikirikí
Valentín Rincón

Primera edición en Recreo Bolsillo: Producciones Sin Sentido Común, 2021

D.R. © 2021, Producciones Sin Sentido Común, S.A. de C.V.
Pleamares 54,
colonia Las Águilas,
07010, Ciudad de México

Texto © Valentín Rincón
Ilustraciones © Alejandro Magallanes

ISBN: 978-607-8756-61-2
Impreso en México

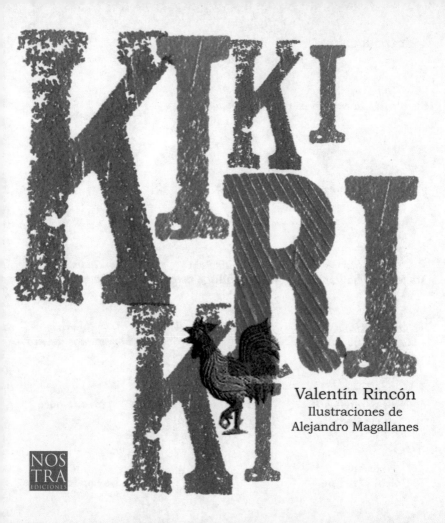

KIKIRIKÍ

Valentín Rincón
Ilustraciones de
Alejandro Magallanes

NOS
TRA
EDICIONES

INTRODUCCIÓN

Así como nuestro idioma vino de España, también los cantos tradicionales vinieron de allá. De España llegó Colón con sus tres carabelas y tras él, Doña Blanca, Juan Pirulero, La Viudita de Santa Isabel, la Pájara Pinta y otros muchos personajes que al ser adoptados por los niños de aquí, se volvieron mexicanos y aprendieron a cantar con palabras diferentes, a bailar con nuevos pasos y a jugar de manera distinta.

Sin embargo, hoy día esos personajes se van perdiendo en la neblina del olvido.

Ante la avasalladora transculturización que nos llega del norte, es deseable que nuestros niños no pierdan de vista su arraigo cultural y sigan en contacto con su origen. Las canciones y los juegos mexicanos les brindan una saludable dosis de conocimiento vivo sobre nuestro modo de ser y sobre nuestras estructuras populares.

El patrimonio de tradición de nuestros padres y abuelos no debe perderse: debe vivir y eventualmente, amalgamarse con las corrientes modernas para forjar una nueva cultura.

Los cantos y los juegos se han hermanado desde los primeros tiempos de la civilización. En ellos los niños imitan a los adultos en sus diversas actitudes y así, personifican a soldados en la guerra, a una viudita que se quiere casar o a los labradores invocando a una virgen para que llueva. De igual manera dan vida a unas estatuas de marfil o al mismo Lucifer.

Esos cantos y juegos, otras veces, son reminiscencias de historias antiguas, como es el caso de la leyenda del conde Marlborough que, en boca de los niños, se convirtió en Mambrú, el que se fue a la guerra. A veces evocan formas de vida de antaño, y como ejemplo de lo anterior, tenemos la canción *Hilitos, hilitos de oro*, que trae a colación situaciones de la Edad Media, en que los monarcas eran dueños de las vidas y haciendas de sus súbditos.

En la mencionada canción el rey ordena a su enviado que escoja a una dama de entre las hijas de un súbdito, para que sea la esposa del príncipe. La madre de estas muchachas protesta, pero al fin, cede.

La canción dice:

–Hilitos, hilitos de oro
que se me vienen quebrando,
que manda decir el rey
que cuántas hijas tenéis.

–Que tenga las que tuviera,
que nada le importa al Rey
–Ya me voy muy enojado
a darle la queja al rey.

–Vuelva, vuelva caballero
no sea tan descortés,
de las hijas que yo tengo
escoja la más mujer.

–Ésta escojo por bonita,
ésta escojo por mujer,
parece una amapolita
acabada de nacer.

Esos cantos y esos personajes que vinieron de España, fueron a dar a distintas regiones de nuestro país, y así como la manera de hablar de un yucateco es muy diferente a la de un chihuahuense o a la de un habitante de la Ciudad de México, las rondas que anidaron en los diferentes estados de la República se fueron diferenciando unas de otras. La influencia de los mexicanos de las diferentes latitudes pesó decididamente en la conformación de canciones-juego típicas y propias de cada lugar. Surgieron versiones distintas de la misma ronda, de la misma coplilla o del mismo arrullo. Hay rondas comunes a varios estados que se cantan de forma diferente en cada uno de ellos. Asimismo hoy en día, hay canciones propias de un estado en particular; canciones que sólo allí se escuchan y juegan. De la extensa veta que es nuestra lírica infantil, he aquí una breve pero muy representativa muestra, que incluye juegos, coplas y arrullos, de los que hemos seleccionado uno por cada estado de la República Mexicana.

Con estas canciones reciban los adultos sus remembranzas y los niños su herencia de entretenimiento, tradición y arte.

Valentín Rincón

9

*Agradecezco a mi compañera Cuca Serratos y a mi
hijo Andrés Rincón sus valiosas observaciones.*

EQUIVALENCIAS DE LA ARMONÍA CIFRADA:

A = **La**
B = **Si**
C = **Do**
D = **Re**
E = **Mi**
F = **Fa**
G = **Sol**

Son acordes en modo mayor. Para el modo menor se indica m. Por ejemplo: B es Si mayor, Em es Mi menor, etcétera.

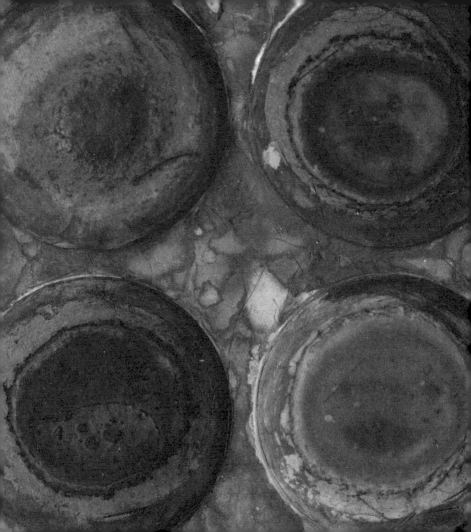

EL RELOJ DE LA CALAVERA

La presente canción es una especie de letanía muy rítmica que gusta mucho a los niños. El misterio de las calaveras, de lo que puede asustar, en fin, de la muerte, los cautiva. Quizá por esta razón, este canto y juego ejerce en ellos una peculiar fascinación.

En la parte que dice: "Cuando el reloj marca…" los niños caminan y truenan los dedos o dan palmadas rítmicamente recreando un reloj; y cuando se dice: "la calavera (hace tal cosa)", los niños imitan los movimientos de un esqueleto haciendo lo que dice la canción.

Cuando el reloj marca la una,
la calavera sale de su tumba.

Tumba, ta tumba,
tumba, tumba, tumba;
tumba, ta tumba,
tumba, tumba, tumba.

Cuando el reloj marca las dos,
a la calavera le pega la tos.

Tumba, ta tumba,
etcétera.

Cuando el reloj marca las tres,
la calavera busca a Andrés.

Tumba, ta tumba,
etcétera.

Cuando el reloj marca las cuatro,
la calavera mira su retrato.

Tumba, ta tumba,
etcétera.

Cuando el reloj marca las cinco,
la calavera echa cinco brincos.

Tumba, ta tumba,
etcétera.

Cuando el reloj marca las seis,
la calavera juega al beis.

Tumba, ta tumba,
etcétera.

Cuando el reloj marca las siete,
la calavera cuenta sus billetes.

Tumba, ta tumba,
etcétera.

Cuando el reloj marca las ocho,
la calavera busca a Pinocho.

Tumba, ta tumba,
etcétera.

Cuando el reloj marca las nueve,
la calavera come su nieve.

Tumba, ta tumba,
etcétera.

Cuando el reloj marca las diez,
la calavera se mete otra vez.

Cuando el re loj marca la u na, la cala ve ra sale de su tumba.
Tumba, ta

tumba, tumba, tumba, tumba; tum ba, ta tum ba, tumba, tumba, tum ba.

DE MÉXICO HA VENIDO

Las rimas que siguen son sin duda jocosas y ocurrentes, aunque su coherencia no es muy sólida. Por otro lado, dentro de su humorismo, reflejan un fondo de desprecio por las mujeres viejas.

Sucede que los niños cantan lo sonoro y rítmico dejando en un segundo plano de importancia la coherencia y el moralismo. Es probable que los niños, quién sabe en qué época, hayan tomado de algunas coplas de adultos los elementos para esta canción.

De México ha venido
un nuevo despacho:[1]
que se casen las viejas
con los muchachos.

Y los muchachos dicen
que son muy capaz
de casarse las viejas
con Barrabás.

Y Barrabás les dice
que no puede ser,
que se casen las viejas
con Lucifer.

Y Lucifer les dice
con mil retobos,
que se vayan las viejas
con mil demonios.

[1] Antiguamente llamaban *despacho* a los mensajes de correo.

16

CANCIÓN DE CUNA

Cuando una madre canta
a su bebé una canción de cuna,
lo está transportando
a una región recóndita del
sueño y a la vez, le está dando
una confortante muestra
de afecto.

Duérmete, mi nene,
duérmete sin pena;
que cuando despiertes
te daré tu cena.

Duérmete, mi lindo,
que tengo quehacer,
echar las tortillas,
ponerme a moler.

Duérmete, mi vida,
duérmete mi cielo,
que la noche es fría
y habrá nieve y hielo.

Duérmete tranquilo,
duerme chilpayate,
que cuando despiertes
te doy guayabate.

Duérmete, mi niño,
duérmete solito,
que cuando despiertes
te daré atolito.

Ya viene tu nana,
traerá la talega,
en donde se encuentra
tu camisa nueva.

Duérmete, lucero,
duérmete ya un poco,
no tengas cuidado,
que no viene el coco.

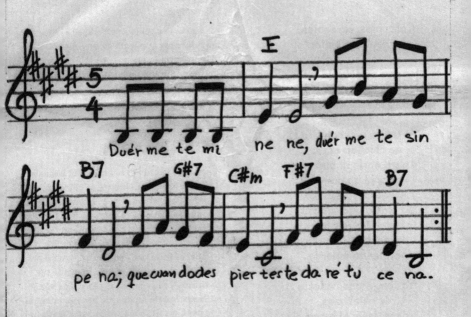

LOS CARACOLES Y EL BURRO

Este juego se puede llevar a cabo haciendo un círculo con alguien al centro, que hace las veces de "burro"; o bien dos filas, una frente a la otra. El número de jugadores debe ser impar.

Caracoles, caracoles,
caracoles a bailar,
que con la patita chueca, [1]
lo bien que se daba la vuelta. [2]
Salto de cabra y así decía: [3]
Como lo manda su señoría. [4]

Yo tengo una canasta [5]
de chicharrones,
para darle al burro
porque no come.

Yo tengo una canasta
de chiles verdes,
para darle al burro
porque no muerde.

Yo tengo una canasta
de calabazas,
para darle al burro
porque no abraza. [6]

Al cantar la primera estrofa, se ejecutan los movimientos que cada verso señala de la manera siguiente:

1. Hacen un movimiento rítmico simulando tener un pie "chueco".
2. Dan una vuelta.
3. Saltan hacia adelante con los pies juntos.
4. Hacen una caravana.

Y más adelante:

5. Cuando cantan "yo tengo una canasta…" todos, excepto el burro, se colocan por parejas, frente a frente. Si son dos filas, éstas se acercan de manera que formen también parejas, y en ese momento dan varios golpes con las palmas de las manos sincronizándose cada quien con su pareja.
6. Al llegar al final y decir "porque no abraza", cada jugador escoge pareja y la abraza, de modo que necesariamente queda un niño solo, que, para la siguiente secuencia, tiene que hacer el papel de burro en el centro del círculo.

20

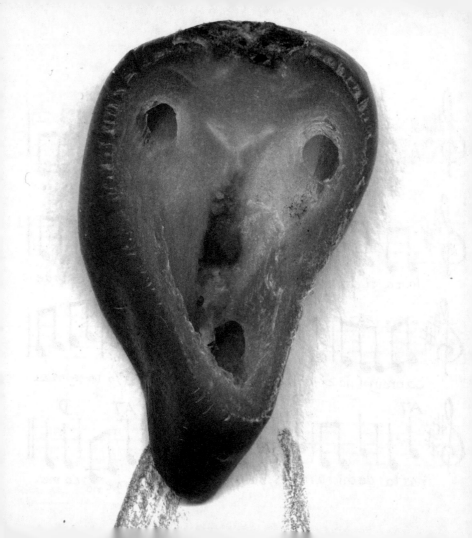

MICHÍN MICHÓN

Los niños se toman de la mano y forman una hilera.

Frente a ellos se sienta en un banco o en una silla quien haya sido elegido para representar a Michín Michón.

Los niños de la hilera avanzan, cantan las preguntas y llevan el ritmo de la canción levantando los pies. Michín Michón contesta y los niños de la hilera retroceden con el mismo ritmo y continuando la canción.

Esta secuencia se repite hasta que Michín Michón contesta "negro".

–Venimos a ver a Michín Michón
que cómo está de males.
–¡Malo!
–Lo sentimos mucho, mucho,
que Michín Michón esté malo.

–Venimos a ver a Michín Michón
que cómo está de males.
–¡Grave!
–Lo sentimos mucho, mucho,
que Michín Michón esté grave.

–Venimos a ver a Michín Michón
que cómo está de males.
–¡Murió!
–Lo sentimos mucho, mucho,
que Michín Michón haya muerto.

23

–Venimos a ver a Michín Michón
que qué vestido le pone.
–¡Verde!
–Verde es esperanza
y ese no le queda bien.

–Venimos a ver a Michín Michón
que qué vestido le pone.
–¡Rojo!
–Rojo es la sangre
y ese no le queda bien.

–Venimos a ver a Michín Michón
que qué vestido le pone.
–¡Amarillo!
–Amarillo es calabaza
y ese no le queda bien.

–Venimos a ver a Michín Michón
que qué vestido le pone.
–¡Azul!
–Azul es el cielo
y ese no le queda bien.

–Venimos a ver a Michín Michón
que qué vestido le pone.
–¡Blanco!
–Blanco es angelito
y ese no le queda bien.

–Venimos a ver a Michín Michón
que qué vestido le pone.
–¡Negro!

Al decir "negro", Michín Michón se levanta
y persigue a los demás hasta que logre
atrapar a alguien, quien será el siguiente
Michín Michón.

24

NANA CALICHE

Hay algunos juegos en los que los niños representan papeles de adulto, como si ensayaran aquél que en un futuro desempeñarán en la vida. En el siguiente juego, que es toda una representación teatral, una niña, que puede ser la mayor, personifica a una viejecita llamada "Nana Caliche". Esta viejecita manda a sus hijas al mercado a comprar diversas cosas para cocinar. Por ejemplo, a una le encarga dos pesos de sal, a otra cinco de frijol, a otra tres de arroz, etcétera, y sólo una se queda para hacerle compañía. Ésta hace a la viejecita infinidad de travesuras.

Las demás se van y, cuando regresan, Nana Caliche le pregunta a cada una de ellas por su encargo y resulta que ninguna le contestan excusas chistosas. Por ejemplo una dice: el arroz se lo eché a las palomas; otra: la manteca se me derritió con el sol, lo que hace enojar a Nana Caliche. Entonces le cantan:

Nana Caliche no sale de casa,
porque los pollos le comen la masa,

Nana Caliche no sale al sermón,
porque su perro le come el turrón,

Nana Caliche no sale al mandado,
porque su cerdo le come el salvado,

Nana Caliche no sale al rosario,
porque su gato le come el canario.

Entonan la canción brincando alrededor de la viejecita. Al decir la última palabra de la canción, que es "canario", echan a correr y quien sea alcanzada puede ser elegida para ser la nueva Nana Caliche.

APA CABALLITO

Hay algunas cancioncillas que dan pauta a jugar con los niños más pequeños y darles contento a la vez que afecto. La que sigue se le canta al niño al tiempo que se le hace "caballito" montándolo en las piernas del adulto, quien lo sostiene por el cuerpo o por lasmanos.

Apa caballito
que a la vega va,
que si no ha comido,
allá comerá.

Al potrero grande
de puro *giptal,*[2]
para que no muera
de hambre el animal.

De allí ha de venir
gordo y elegante
para competir
con un elefante.

Al decir "con un elefante" se engruesa la voz y se exagera la expresión para dar la idea de un gran elefante.

[2] Pastos de más de un metro de altura. El vocablo, usado en Chiapas, posiblemente es una deformación de egiptal, de Egipto: pastura comdadescrita.

HILITOS, HILITOS DE ORO

Un grupo de niños se sienta en el suelo: una niña hace de
mamá y un niño o niña hace de mensajero; éste se acerca al
grupo con muchas ceremonias y empieza el canto de la
siguiente manera:

> **–Hilitos, hilitos de oro
> que se me vienen quebrando,
> que manda decir el rey
> que cuántas hijas tenéis.**

La mamá, quien se supone que no quiere separarse de sus
hijas, cantando, contesta malhumorada:

> **–Que tenga las que tuviera,
> que nada le importa al rey.**

El mensajero muy contrariado dice:

> **–Ya me voy muy enojado
> a darle la queja al rey.**

Entonces madre e hijas cantan:

> **–Vuelva, vuelva, caballero,
> no sea tan descortés,
> de las hijas que yo tengo
> escoja la más mujer.**

El mensajero regresa y es tratado con muchas atenciones. Empieza a escoger, poniendo peros y adjudicándoles defectos a algunas niñas, hasta que por fin se decide por la que más le simpatiza y canta:

> –Ésta escojo por bonita,
> ésta escojo por mujer,
> parece una amapolita
> acabada de nacer.

Se desarrolla entonces un diálogo que suele ser muy variado, según el ingenio de los interlocutores:

> –¿Te vas conmigo a palacio?
> –No, aquí estoy bien.
> –El príncipe te hará feliz.
> –No, no: estoy mejor con mi madre.
> –Él te dará perlas para hacer un collar.
> –No quiero: ya tengo collares.
> –Te dará diamantes.
> –No quiero nada de eso.
> –Te dará los pasteles que te gustan.
> –Los hace mejor mi mamá.
> –Te dará tesoros con muchas joyas.

El mensajero sigue ofreciendo y ella rechazando hasta que por fin le gusta algo que le ofrecen. Entonces se va contenta con el mensajero. Éste se va llevando una por una a las hijas. Cada que regresa a buscar a otra, vuelve a empezar el canto y se repite todo el acto descrito. Cuando a la madre solamente le queda una hija, el mensajero representa al príncipe que viaja de incógnito en busca de la mujer que ha de ser su esposa, y escoge a la última niña, la cual gana el juego.

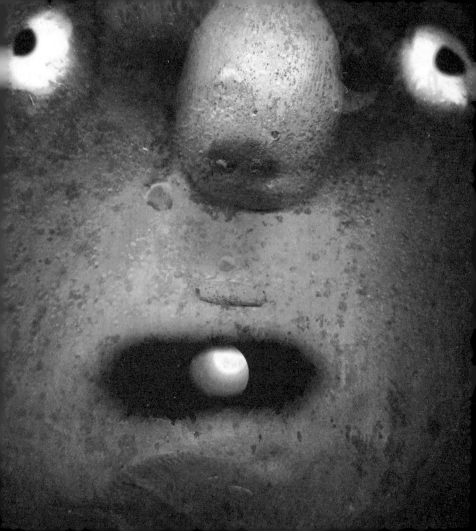

AL DIN DON

Para jugar con la canción anterior se elige a un director. Los demás niños se toman de la mano, forman una hilera, y el director se coloca frente a ellos.

Al decir "Al din don..." los niños de la hilera dan tres pasos hacia el frente al ritmo de la canción y, con el siguiente verso, retroceden tres pasos.

Al decir "ay que ruido..." dan otros tres pasos de forma similar y al siguiente verso retroceden.

Enseguida le toca su parte al director, quien zapatea a ritmo de "¡Ay qué re chulé!..." y al decir "al din don que salga usted", señala a alguien, quien será el nuevo director y, así, se repite la canción.

También se usa esta canción para escoger a alguien que ejecutará algo, señalando a uno por uno rítmicamente mientras se canta y, a quien le toque en turno decir "...usted", será el elegido.

**Al din don
de la dina de la danza,
¡ay que ruido se oye en Francia!
¡Ay qué re chulé!,
¡ay qué re teplé!,
al din don
que salga usted.**

Durango
LOS ESTUDIANTES (El gato y el ratón)

Un niño la hará de gato y otro será el ratón. Esto se puede determinar por medio de un sorteo. Los demás forman un círculo tomándose de las manos y rodeando al ratón. El gato permanece afuera del círculo.

Los de la ronda giran y cantan:

–¿Qué es ese ruido
que se oye por ahí?
De día y de noche,
no nos deja dormir.

–Somos los estudiantes,
venimos a estudiar,
sonando las campanitas,
la virgen del Pilar.

La ronda se detiene y se establece el siguiente diálogo entra gato y ratón:

–Ratón, ratón: ¿qué haces en mi casa?
–Comiéndome la uva pasa.
–Yo te comeré.
–Yo me escaparé.
–¿Por dónde?
–Por donde yo pueda.

En este momento todos los niños de la ronda levantan los brazos para dejar salir al ratón, quien correrá para escapar del gato. El ratón puede volver a entrar al círculo y los niños bajan los brazos para impedir que el gato entre. Cuando el gato atrapa al ratón, se elige a otros dos niños que serán gato y ratón en la siguiente vuelta.

AHÍ VIENE EL AGUA

El juego de la presente canción es muy sencillo y gusta mucho a los niños más pequeños.

Los niños forman una rueda tomados de las manos. Uno de ellos, previamente elegido, se coloca en el centro y es quien la hace de "agua". Los de la rueda giran y cantan:

Ahí viene el agua
por la barranca
y se me moja
mi burra blanca.

Ahí viene el agua
por los ocotes
y se me mojan
mis guajolotes. [1]

[1] En este momento, quien la hace de "agua" jala a un niño de la ronda para que ocupe su lugar y el juego se repite cuantas veces quieran los niños.

LA NIÑA QUIERE PIÑONES

Esta canción empieza con un ritmo cadencioso y valseado para luego cambiar a uno más rápido y marcado, por lo que se presta para hacer, mientras se canta, diferentes coreografías.

Los niños pueden formar dos hileras, una frente a la otra, tomados de la mano.

En la parte valseada, mueven manos y brazos al ritmo de la canción. En la parte que empieza con "Tras, tras, tras, tras...", pueden avanzar y retroceder rítmicamente.

También se puede hacer algo similar pero tomados de la mano, en círculo y girando.

La niña quiere piñones,
piñones le hemos de dar;
si no le damos piñones,
otra cosa no puede desear.

La niña quiere piñones,
piñones le hemos de dar;
pues anda, sube a la piña
y empiézalos a cortar.

Tras, tras, tras, tras,
tris, tris, tras.
Tus piñones quebrarás,
escógelos chiquitita,
que ya están cayendo más.

Tras, tras, tras, tras,
tris, tris, tras.

43

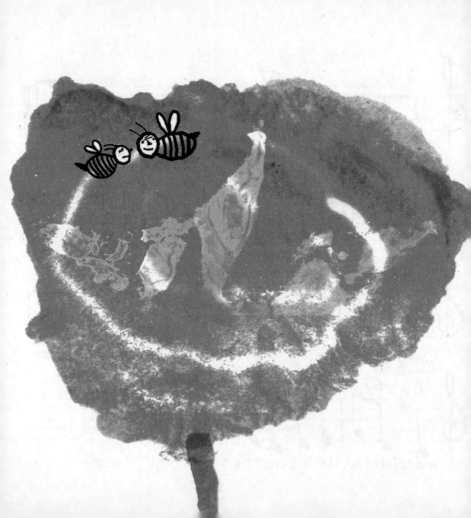

EL ROMANCE DEL CLAVEL

Este juego se puede jugar como ronda, tomados de la mano o bien haciendo una fila tomados de la cintura y serpenteando.

También, para pasar el rato cuando no se puede salir a jugar, se suele simplemente cantar.

**Entonemos el romance
del romance del romance,
del romance del romance,
del romance del clavel.**

Por turnos a cada participante le irá tocando decir un verbo inmediatamente después de terminar una estrofa. Por ejemplo, alguien dice "¡Continuar!" Entonces todos cantan:

**Continuemos el romance
del romance del romance,
del romance del romance,
del romance del clavel.**

Otro dice "¡Aprender!" Entonces todos cantan:

**Aprendamos el romance
del romance del romance,
del romance del romance,
del romance del clavel.**

De esta forma puede surgir:

Repitamos el romance (etcétera).
Meditemos el romance (etcétera).
Adornemos el romance (etcétera).
Principiemos el romance (etcétera).

MI COMADRE

Se elige a una niña, quien
será la comadre Tere y
estará en el centro del
círculo formado por los
demás niños. Mientras el
círculo gira cantando, la
comadre Tere debe bailar. Se
canta varias veces, pero cada
vez que se dice "Que salga
usted", la comadre elige a
otra niña que será la nueva
comadre Tere y tendrá que
bailar al centro del círculo,
mientras que la anterior
comadre pasará a ser parte
de la ronda. Si se elige a un
niño para que pase al
centro, se puede cantar "Mi
compadre Toño" en vez de
"Mi comadre Tere".

Mi comadre Tere
andaba en el baile,
que lo baile, que lo baile,
y si no lo baila,
muy duro lo pagará.

Que salga usted
que la quiero ver bailar,
saltar y bailar, las vueltas al aire,
por lo bien que lo hace la rosa,
déjenla sola, solita en el baile,
que la quiero ver bailar.

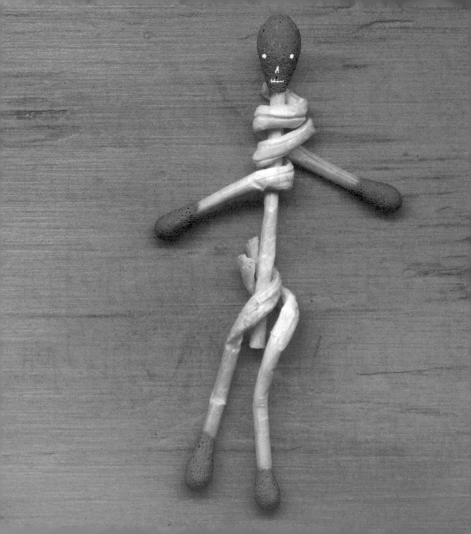

LA MEDIA MUERTE

El mexicano es dado a "jugar" con la muerte. Como ejemplo de esto, tenemos los famosos versos llamados calaveras que se hacen en fechas cercanas a los días de muertos, las calaveritas de azúcar y otras manifestaciones lúdicas acerca de esta figura. El mexicano personifica a la muerte y le llama "Catrina", "calaca" y de otras formas más o menos humorísticas. Los niños no son la excepción en esta característica propia de los mexicanos y también "juegan" con la muerte. Existen muchas canciones y juegos de niños que hacen referencia a ella.

La presente canción es usada a veces por los niños para hacer una ronda con uno de ellos en el centro, quien representa a la Media Muerte. El niño del centro debe estar sentado. Los demás giran cantando y a veces brincan, le hacen gestos, lo jalan de la ropa o simplemente lo tocan. Si quien hace de Media Muerte, sin pararse, logra sujetar a otro compañero, éste pasará a hacerla de Media Muerte en la siguiente ronda del juego.

Estaba la media muerte
sentada en un muladar,
comiendo tortilla dura
para poder engordar.

Estaba la media muerte
sentada en un taburete,
los muchachos, de traviesos
le tumbaron el bonete.

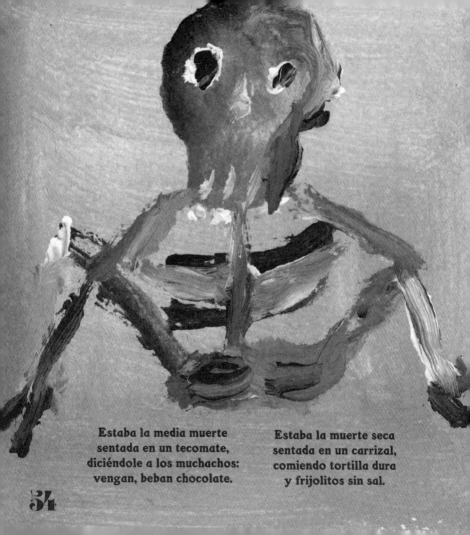

Estaba la media muerte
sentada en un tecomate,
diciéndole a los muchachos:
vengan, beban chocolate.

Estaba la muerte seca
sentada en un carrizal,
comiendo tortilla dura
y frijolitos sin sal.

54

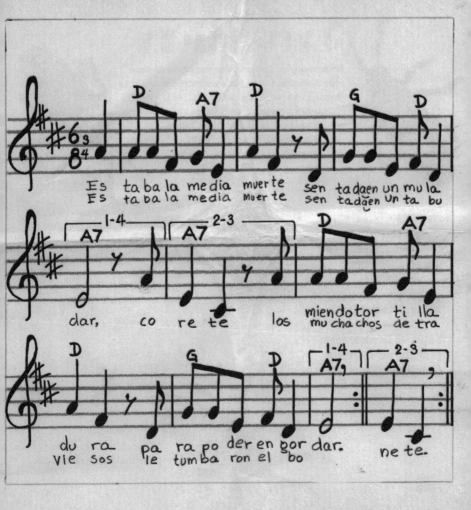

LA CUCARACHA

Esta canción mexicana es conocida en casi todo el mundo. Aquí la presentamos con una pequeña variante en la tonada. Es la versión que se escucha en Michoacán. En ocasiones la cantan los niños después del juego del Milano,[3] cuando se dice que éste ya murió.

La cucaracha,
la cucaracha,
ya no puede caminar
porque le falta,
porque le falta,
mariguana que fumar.

Ya murió la cucaracha,
ya la llevan a enterrar
entre cuatro zopilotes
y un ratón de sacristán.

[3] Conocido juego que se practica principalmente en Puebla.

ÁNDALE JUANA

Esta tonada es bien conocida en México y se acostumbra
cantar en tiempo de posadas, antes de romper la
tradicional piñata.

Ándale Juana,
no te dilates
con la canasta
de los cacahuates.

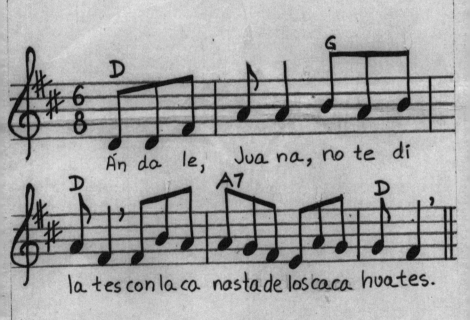

AL ACURCULITO

Los niños participantes de este juego forman un círculo sentados en el suelo. Uno de ellos, previamente elegido, permanecerá afuera del círculo, con un cinturón, cordón o pañuelo oculto entre las manos. Los de la rueda ponen las manos atrás medio enconchadas. El niño de afuera da vueltas a la ronda tocando las manos de los otros niños mientras canta:

Al acurculito, al acurculito,
¿a quién se lo daré?,
¿a quién se lo daré?,
¿a María o a José?,
¿a María o a José?

Deja de cantar cuando haya completado una vuelta y colocado el objeto que lleva en las manos de algún compañero.

Entonces el niño que se quedó con el cinturón o pañuelo, lo enseña al niño de la derecha. Éste se levanta y corre alrededor de la ronda y es perseguido por el niño que tiene el objeto. El jugador que inició el juego pasa a formar parte de la ronda.

Los que corren entablarán el diálogo siguiente:

Perseguidor –¿Dónde está tu mamá?
Perseguido –Se fue a lavar.
–¿A dónde se fue a lavar?
–Al río.

–¿Te dejó de comer?
-Sí.
–¿Qué te dejó?
-Sopitas con miel.
–¿Me invitas a comer?
-Pásale pues.
–¿Dónde está la sal?
-En el costal.
–¿Dónde está la azúcar?
-Con mi tía Cuca.
–¿Dónde están los frijoles?
-Con mi tía Chole.
–¿Dónde está el vino?
-En el camino.
–Arre burro, arre burro, y vuélvete a
tu destino.

El perseguido
entonces vuelve a su
lugar y el
perseguidor inicia el
juego nuevamente.

LOS CABALLITOS

Se trata de un canto para jugar con niños muy pequeños.

Se sienta al niño a horcajadas sobre una pierna de la mamá o del papá; ésta o éste, durante la primera estrofa, mueve la pierna hacia arriba y hacia abajo, apoyándose en la punta del pie. Durante el estribillo que empieza "Hágase pa' acá", la mueve de un lado a otro, sosteniendo al niño por las manos.

De esos caballos
que vienen y van
ninguno me gusta
como el alazán.

Hágase pa' acá,
hágase pa' allá,
que mi caballito
lo atropellará.

De esos caballos
que vende usted
ninguno me gusta
como el que se fue.

Hágase pa' acá,
hágase pa' allá,
que mi caballito
lo atropellará.

AL TÍKITI TÍKITI PALO

Para este juego debe haber un número impar de jugadores, a fin de que todos formen parejas excepto uno, quien se hará cargo del palo. Los niños que forman pareja estarán tomados por ambas manos y se moverán rítmicamente mientras cantan varias veces:

**Al tíkiti tíkiti palo,
al tíkiti tíkiti palo,
al tíkiti tíkiti palo, ¡ey!**

De pronto, quien tiene el palo lo deja caer. Entonces los jugadores deben cambiar de pareja y el que quede solo se hará cargo del palo para la siguiente vuelta.

Puebla
QUIQUIRIQUÍ

Esta es una *coplilla* o *copla de nana*; es decir, una pequeña canción que se canta a los bebés al tiempo que se juega con ellos, para estimularlos a hacer algún movimiento y, a la vez, darles alegría. Con la presente copla se le enseña al niño a levantar la cabeza con la rapidez de que sea capaz.

¡Quiquiriquí!
canta el gallito;
a mí no me quieren
por ser chiquitito.

MI MADRINA

Este es un juego de sincronizar palmadas. Los niños se colocan por parejas para dar las palmadas en la secuencia que acuerden, mientras cantan.

Mi madrina María
se puso amarilla
cuando mi padrino
la encontró bailando,

regando polilla,
con un viejito
ñango, ñango, ñango,
un alegre tango.

Bailaba y bailaba
y no se cansaba,
mientras el disco
giraba y giraba,
giraba y giraba.

Cuando dicen "bailaba y bailaba" se toman de las manos y mueven rítmicamente los pies.
Cuando dicen "giraba y giraba" dan vueltas. Al final de la canción todos aplauden.

LA VÍBORA DE LA MAR

Tomándose de las manos, dos participantes formarán un arco por debajo del cual los demás puedan pasar. En secreto, ellos eligen quién será *Melón* y quién *Sandía*, aunque suelen también representar a *Ángel* y *Diablo*. Los otros niños formarán una fila sujetándose por la cintura. Mientras la fila pasa por debajo del arco, los que formaron éste cantan los versos que siguen:

A la... a la...
A la víbora, víbora de la mar,
de la mar,
por aquí pasó el nahual
con su cola de petate
y sus ojos de comal.

Entonces los niños de la fila cantan:

Pilarcitos de oro:
déjenme pasar
con todos mis hijos,
menos el de atrás,
tras, tras, tras, tras.

En este momento, los niños del arco atrapan al niño que va pasando. Entonces cantan:

Será melón,
será sandía
será la vieja del otro día,
día, día, día, día.

Uno de los del arco pregunta al atrapado:

–¿Con quién te vas, con Melón o con Sandía? (o bien, con Ángel o con Diablo)

Cuando el niño contesta en secreto con quién se va, pasa a formarse detrás del jugador que eligió, y lo toma por la cintura.

Esto se repite muchas veces, hasta que todos los participantes queden repartidos en dos filas: una de Melón y otra de Sandía (o de Ángel y de Diablo).

De esta manera se forman dos equipos. Acto seguido, toman una cuerda que han de tirar cada equipo en sentido inverso al otro; pintan una raya en medio y jalan tratando de que el equipo contrario cruce la raya. Pierde el grupo que rebase la línea.

Pi lar ci tos de o ro: dé jen me pa sar con to dos mis

hi jos, me nos el de a trás, tras, tras, tras, tras. se rá me

lón, se rá san dí a, se rá la vie ja del o tro dí a, dí a,

dí a, dí a, dí, a.

EL LÁPIZ

El lápiz es una alegre canción que en su texto mismo describe el juego. Los niños de la ronda cuentan con un lápiz, mismo que van pasando mientras cantan, al compañero de la derecha.

Este juego es divertido
y a todos nos va a gustar,
con un lápiz en la mano
uno por uno tiene que girar.

Si la música termina
y el lápiz contigo está,
tendrás que pasar al centro
para ponerte a bailar.

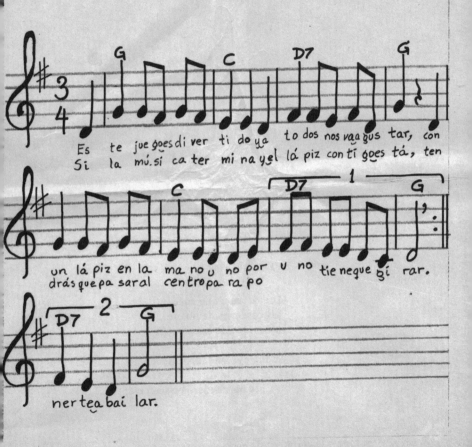

LAS CÁSCARAS
DE HUEVO

Este juego sirve para que los niños imiten a los adultos en la realización de diferentes oficios. Los niños se divierten actuando a la vez que ejercitan su memoria y su imaginación.

Que rueden, que rueden
las cáscaras de huevo;
las costureras hacen así...

...las planchadoras hacen así

...los barrenderos hacen así.

Que rue den, que rue den las cás ca ras de

hue vo; las cos tu re ras ha cen a sí.
las la van de ras ha cen a sí.
los ba rren de ros ha cen a sí.

ARRULLO MESTIZO DE LOS YAKIS

En todas partes del mundo las madres cantan arrullos a sus críos. Estos cantos, como una suerte de magia, hacen que los bebés viajen a las regiones profundas del sueño; tranquilos y con la seguridad que les brinda el cariño materno.

A la ro-rro niño.
¿Por qué llora niño?
Por una manzana
que se le ha perdido.

Levántate San Camaleón,
Levántate Juan Ramón.

Debajo del pino
salió un ratón,
cola de lino
y muy dientón.

ARRULLO DE TABASCO

*Éste es otro arrullo que, aunque se canta en una zona
muy diferente a la del anterior, tiene en común con él y
con muchos otros, cierta monotonía y una comunicación
afectuosa de la madre o el padre, hacia el niño.*

De San Juan quiero la pluma,
de San Francisco el cordón,
de Santa Rita la espina
y de Jesús el corazón.

EL CAMPESINO Y EL COMERCIANTE

Se forman varias filas de niños que actúan como si fueran milpas, levantando las manos y moviéndolas para recrear a las hojas movidas por el viento. Un niño la hace de campesino y está revisando la milpa. Otro niño que representa a un comerciante comienza el canto y se establece un diálogo entre él y el campesino.

–Señor campesino: le vengo a
comprar su maíz.
–No lo vendo.
–¿Por qué?
–Porque se me volvió borregos.

Los niños que eran milpa ahora son borregos y se ponen a balar y a actuar como borregos.

–¡Beee!, ¡beee!, ¡meee!, ¡beee!

Así van siguiendo el juego e imitando a los diferentes animales.

–Señor campesino: le vengo a
comprar sus borregos.
–No los vendo.
–¿Por qué?
–Porque se me volvieron gallinas.
–¡Co cocoró! ¡Co, co ro có!

–Señor campesino: le vengo a
comprar sus gallinas.
–No las vendo.
–¿Por qué?
–Porque se me volvieron gatos.
–¡Miau!, ¡miau! ¡miauuu!

Etcétera.

Hasta que les toca ser perros. Entonces ladran y corretean al comerciante como si lo quisieran morder.

Pueden repetir el juego eligiendo a otros niños para que sean campesino y comerciante.

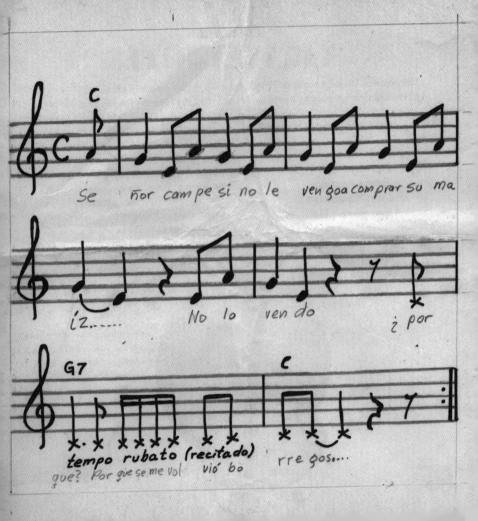

Tlaxcala
NARANJA DULCE

Se colocan los jugadores en círculo cogidos de las manos y giran alrededor de un niño que está en el centro. El del centro representa a un joven que tiene que ir al servicio militar obligatorio.

Durante la primera estrofa el círculo gira.

Naranja dulce,
limón partido,
dame un abrazo
que yo te pido.

Si fueran falsos
mis juramentos,
en otros tiempos
se olvidarán.

Durante la segunda estrofa los niños se detienen y el del centro elige a otro del círculo, a quien da un abrazo, y lo invita a pasar al centro mientras él sale del círculo. Entre tanto se canta la tercera estrofa.

Toca la marcha,
mi pecho llora,
adiós señora,
yo ya me voy.

Se repiten canción y juego varias veces, hasta que sólo quedan dos niños en el círculo.

LA BARCA

La barca es una tierna canción que tiene su toque de romanticismo con el que los niños sutil y dulcemente tratan los temas del amor y de la nostalgia.

Se va y se va la barca,
también se va el vapor;
el lunes por la mañana
también se va mi amor.

Me levanto tempranito,
me voy derecho a la mar
a preguntarle a las olas
que si lo vieron pasar.

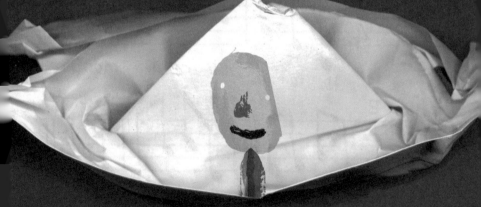

Las olas me responden
que sí lo vieron pasar
con un ramito de flores.
Jamás lo puedo olvidar.

Si el cielo fuera tinta y
las nubes fueran papel,
le escribiría una carta
a mi querido Manuel.

Yucatán

LA MARISOLA

(o Marco Antonio)

Se elige entre los jugadores quién hará el papel de Marisola (Marco Antonio, si es niño). Ella o él se colocará en el centro de un círculo formado por los demás. El círculo gira mientras los niños cantan la canción.

La Marisola –¿Quién es esa gente
que anda por aquí?
Ni de día ni de noche
nos deja dormir.

Coro –Somos los estudiantes
que venimos a estudiar
a la capillita
de la Virgen del Pilar.

La Marisola –Cadenita de oro
cadena de plata,
que se quite, quite,
esa prenda falsa.

Al llegar al último verso, la niña que hace de Marisola (o el niño que hace de Marco Antonio) detiene rápidamente al que ha de sustituirla/lo, quien pasará al centro a representar a la nueva Marisola (o Marco Antonio).

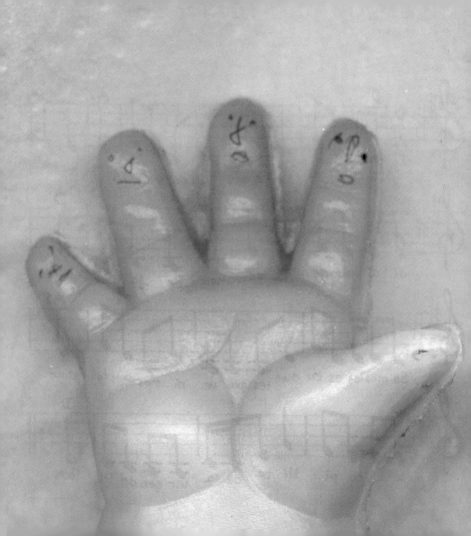

MI MANO

Esta canción también es propia para cantarla a los niños más pequeños. El adulto toma la mano del niño y, mientras canta, va señalando cada uno de sus deditos, del pulgar al meñique.

Tengo una manita
limpia y re' bonita
con cinco deditos
que son hermanitos.

Este gordinflón
es pillo y glotón,
yo soy su hermanito,
muestro un caminito.

Le sigo Mediano
que ya toco el piano,
después Picarillo
que uso un lindo anillo.

Y luego Nenín
que soy picarín.

Y como los cinco
son buenos hermanos,
gentil ramillete
con ellos hagamos.

En la última estrofa se toma la mano del niño y se la hace mover rítmicamente.

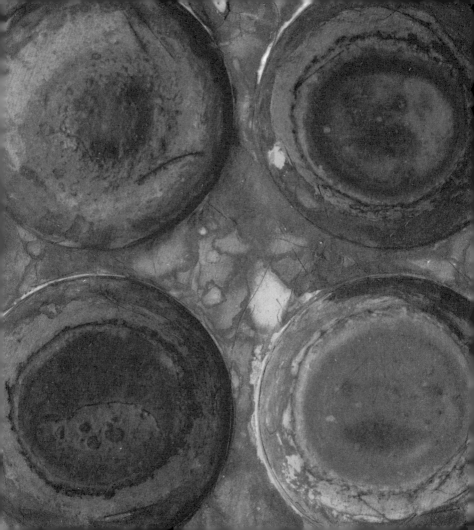

KIKIRIKÍ

terminó de imprimirse en 2021 en los talleres
de Promocionales e Impresos América, S.A de C.V,
con domicilio en Avenida Jardín, número 258,
colonia Tlatilco, alcaldía Azcapotzalco, C.P. 02860,
Ciudad de México.